LK 12 421.

PRÉCIS

DE la justification de JOSEPH-PAUL-AUGUSTIN CAMBEFORT, Colonel du Régiment du Cap, & des autres Militaires déportés de Saint-Domingue, RIGOUREUSEMENT DÉMONTRÉE par les seules Piéces justificatives déposées au Comité Colonial de la Convention Nationale.

LES diverses inculpations faites aux militaires du Régiment du Cap, déportés de Saint-Domingue par ordre des Commissaires délégués par le Pouvoir exécutif, sont toutes renfermées dans *des soupçons* qu'ils prétendent avoir conçus; & parmi ces *soupçons*, il en est UN dont les autres ne sont que les conséquences nécessaires.

CE SOUPÇON est que nous étions d'accord avec les Negres révoltés, & autres rébelles aux Loix de la Mere-Patrie, & que nous

A

entretenions avec eux des intelligences criminelles, dans le deſſein de parvenir, *par leur moyen*, à rétablir à Saint - Domingue l'ancien régime.

Dans les Mémoires que nous venons de publier, il a été démontré, 1°. Que les militaires *ſoupçonnés* par les Commiſſaires civils, loin d'avoir été d'accord avec les révoltés, les avoient exterminés en tout temps, en tout lieu, & de tout leur pouvoir ; 2°. qu'ils n'avoient jamais ceſſé de faire exécuter les Loix, & de reſpecter les autorités conſtituées ; 3°. que les eſclaves révoltés d'Amérique n'ont jamais été ſoulevés en faveur de la royauté, ni de l'ancien régime, mais au contraire pour conquérir une liberté *qu'ils prétendoient leur être due*, aux termes de la déclaration des droits, & injuſtement refuſée par les Décrets rendus en faveur *ſeulement* des Gens de Couleur, leſquels avoient été reſtreints encore dans leurs diſpoſitions favorables, par un Décret poſtérieur qui augmenta leur fureur ; 4°. enfin que les *ſoupçons* calomnieux répandus ſur les militaires déportés, viennent de la faction *Léopardine*, qui n'a jamais ceſſé d'être en oppoſition avec tous les dépoſitaires de l'autorité légitime à Saint-Domingue, juſqu'au moment où elle a conquis les Commiſſaires actuels, & obtenu d'eux notre déportation.

Et cependant, les principes & le but de cette faction sont de parvenir, par la guerre civile, à la dévastation des propriétés, à l'inexécution des Décrets rendus par les Représentans de la France, à l'indépendance de cette Colonie, ou à son asservissement à l'Angleterre. Les efforts des militaires, maintenant accusés, pour s'opposer aux succès des factieux, & maintenir les propriétés au milieu des discordes & des troubles civils, sont l'unique cause de leur détention.

Nous allons laisser parler les piéces justificatives; elles suffisent pour établir, sans qu'il soit besoin de commentaire, une justification *complette & rigoureusement démontrée.*

PREMIERE SECTION.

PIECES constatant que les Esclaves révoltés se sont armés pour conquérir leur liberté; & que, d'après les principes qu'ils ont exposés, & la conduite qu'ils ont tenue, il est impossible que les Militaires, chargés de les réduire & de les soumettre, ayent eu le moindre rapport avec eux, & à plus forte raison, des intelligences dans le dessein de ramener à Saint-Domingue l'ancien régime.

Il suffit, pour s'en convaincre, de lire une seule piéce; c'est la lettre originale des Chefs   Juill. 1792.
Piéce n°. 1.

des esclaves révoltés, adressée à l'Assemblée générale, aux Commissaires nationaux & aux citoyens de Saint-Domingue.

Cette lettre, en forme de projet de traité de paix, n'est pas susceptible d'analyse ; tout y est extrêmement important : néanmoins, pour remplir le but que nous nous sommes proposé de rapprocher les preuves de notre conduite civile & militaire, & de nous borner à indiquer, plutôt qu'à rapporter les piéces justificatives, nous en citerons les passages suivans.

« Ceux, que vous appelez vos esclaves, réclament les droits que tout homme doit prétendre. — Nous sommes noirs, il est vrai ; mais quelle est la loi qui puisse en faire la propriété de l'homme blanc ? — Nous sommes nés libres comme vous ; votre avarice & notre ignorance pouvoient seules nous retenir jusqu'ici dans l'esclavage. — L'heureuse révolution qui a eu lieu dans la Mere-Patrie, nous a frayé le chemin que notre courage & nos travaux sauront nous faire gravir pour arriver au temple de la liberté, comme ces braves François, qui sont nos modeles. — Vous, Messieurs, qui prétendez nous assujettir à l'esclavage, n'avez-vous pas juré de maintenir la Constitution françoise, dont vous êtes les membres, & quelle est sa loi fondamentale ? Avez-vous oublié que vous avez formellement juré *la déclaration des Droits de l'homme*, qui dit que les hommes naiffent libres & égaux ? — Qui légitime la réfiftance à l'oppreffion ? — Donc nous fommes dans nos droits, & vous devez vous reconnoître *parjures à vos Décrets*, fi vous voulez maintenir la fervitude pour 480 mille individus. — Vous, Meffieurs les Commiffaires nationaux, qui êtes envoyés par la Nation & LE ROI, rempliffez vos devoirs..... Tous les hommes font également chers à l'humanité. — Vous qui avez traverfé les mers pour combattre des hommes qui veulent réclamer leurs droits, avez-vous oubliez tous vos travaux pour parvenir à L'ÉGALITÉ?—C'eft après avoir confulté tous ceux à qui nous fommes liés par une même caufe, que nous demandons, 1.° la liberté générale de tous les hommes détenus dans l'efclavage, 2.° amniftie générale, 3.° garantie de ces articles par le Gouvernement efpagnol, 4.° leur acceptation par la Colonie & leur préfentation AU ROI & à l'Affemblée nationale, pour recevoir d'eux leur fanction. »

La Haye, curé du Dondon, qui vivoit avec les efclaves révoltés, dont il étoit le confeil, adreffa dans ce même temps aux premiers Commiffaires délégués à Saint-Domingue, un écrit qu'il qualifie de *Lettre philofophique*, où l'on retrouve la

2 Juill. 1792.
n°. 2.

même esprit qui regne dans celle qu'on vient de faire connoître. (1)

Pendant que les esclaves révoltés nous faisoient ces propositions absolues, je m'occupois à leur intercepter les vivres & les voies de communications.

15 Juil. 1792, Supplément de piéces, n°. 6.
Dans ce même mois de juillet, je fis déclaration à l'Assemblée coloniale d'un bateau saisi & soupçonné de porter des secours aux révoltés.

4 Août 1792.
Le paragraphe de ma lettre à *Don André d'Hérédia*, lorsque je lui annonçai la remise de deux bâtimens espagnols pris contre le droit des nations, dans un des ports de S. M. catholique, prouve que je ne négligeois aucune occasion de défendre Saint-Domingue contre les esclaves révoltés & leurs complices.

28 Août 1792.
Ma lettre aux commandans *d'Axabon*, de *Monte-Christ* & de *Porto-Plata* pour arrêter le commerce illicite que faisoient avec les Negres révoltés, quelques Espagnols sortant de ces différens ports;

8 Sept. 1792.
Et la réponse qui me fut faite par le commandant *d'Axabon*, sont de nouvelles preuves de mes follicitudes & de mon fidèle attachement à la Colonie.

---

(1) Ces lettres me parvinrent, parce que deux Commissaires étoient partis pour France, & que le troisieme n'étoit pas alors au Cap.

Dans ce même mois de Septembre 1792, je donnai des instructions aux commandans des postes qui avoisinoient la ville du Cap, dans lesquelles jai prévu tous les cas d'attaques & de défenses ; où jai prescrit *prudence* & *fermeté*, ET SURTOUT, *l'observation* religieuse des requisitions des Commissaires civils. 30 Septemb. 1792. Suppl. de piéces. n°. 7.

Telles sont les piéces que nous opposons *aux simples soupçons* énoncés par les Commissaires actuels, d'avoir agi de concert avec les esclaves révoltés ; on y voit que leurs principes & les nôtres ne permettoient entr'eux & nous aucuns rapprochemens : nous n'étions occupés qu'à maintenir l'exécution des Décrets nationaux, & ces Décrets laissoient les Negres dans l'esclavage, tandis qu'ils reclamoient, à main armée, *la liberté* & *l'égalité* des droits politiques, qui leur étoient connus & promis par la déclaration des droits.

SECONDE SECTION.

PIECES constatant que les militaires du Régiment du Cap employés à soumettre les esclaves révoltés, les ont sans cesse attaqués, combattus & réduits.

Je ne parlerai ici que des actions où jai commandé.

Lisez mon journal de la campagne de *l'Acul*, 31 Oct. 1791. n°. 9.

A 4

(8)

adressé officiellement au Lieutenant-général au Gouvernement de Saint-Domingue;

10 Novemb. 1791. n°. 10. — Mon discours aux Assemblées coloniales & pro-provinciales au retour de cette campagne;

10 Novemb. 1791. n°. 11. — La réponse qui me fut faite, le même jour, par les Présidens de ces Assemblées;

13 Novemb. 1791. n°. 12 ter. — La relation de l'attaque des Negres campés au Grand-Boucan, célebre par l'énorme disproportion des attaquans aux attaqués & les succès & les fatigues excessives de cette journée;

9 Avr. 1792. n°. 12. — La relation de l'attaque des brigands sur le Morne de Bel-Air, à la suite de laquelle est un extrait du procès-verbal de la séance de l'Assemblée provinciale du Nord, en date du 8 Avril 1792, qui prouve que j'ai porté mes plaintes de ce qu'au lieu de 800 hommes, dont 500 de troupes patriotiques, & 300 de Couleur, qui m'avoient été promis, je ne trouvai au rendez-vous, que 90 Volontaires & 60 hommes de Couleur;

20 Avril 1792. n°. 12 bis. — La relation de la prise du poste de Jeannetaud par les brigands, & la reprise de ce poste par 200 combattans sous mes ordres, dans la nuit du 18 au 19 du même mois;

Dans toutes ces piéces, vous verrez le Régiment du Cap, seule troupe de ligne pendant près de six mois, contre une horde de brigands, de révoltés, d'assassins & d'incendiaires, se portant par-tout, malgré la disproportion inouïe de ses forces; dispersé sur près de 60 lieues de côtes, & maintenant par-tout l'ordre public; faisant respecter les loix & les propriétés; inspirant la confiance aux Citoyens, & montrant sans cesse l'exemple du vrai patriotisme, du courage & de la subordination.

TROISIEME SECTION.

Pieces justifiant la conduite du Régiment du Cap, comme Militaires & comme Citoyens pendant les trois années 1790, 1791 & 1792.

Dès les premiers jours de l'année 1790, les soldats du Régiment du Cap donnerent aux Volontaires nationaux & aux Troupes de ligne, une fête patriotique, à laquelle des membres des Corps populaires, l'Etat-Major de la place & le Commandant de la province ont assisté. Elle a été suivie de beaucoup d'autres du même genre. 6 Janv. 1790. n°. 22.

Trois mois après, la Municipalité du Cap députa au Régiment, & lui offrit, comme une couronne civique, les témoignages de l'estime & de la reconnoissance publique; elle le félicita d'avoir sû maintenir, au milieu des troubles civils, l'ordre, la sûreté & la discipline militaire; décora ses Membres du titre de *Citoyens du Nou-* 22 Avril } 1790. 11 Mai } n°s. 6 & 7.

veau-Monde, & consigna son discours dans ses archives, pour éterniser leurs vertus.

[Oct. 1790. n°. 30.] Au mois d'Octobre de cette même année, l'Assemblée provinciale du Nord vota des remerciemens au Régiment, pour la bravoure qu'il a montrée dans une expédition.

[16 Oct. 1790. Supplément de pièces. n°. 3.] Et dès le mois de Novembre suivant, elle prit encore en sa faveur un arrêté dans lequel, « considérant que le Régiment du Cap n'a jamais cessé de donner des preuves du plus pur patriotisme, & notamment dans les diverses circonstances où la Colonie a été en péril, elle arrête à *l'unanimité*, que M. de Cambefort sera invité à reprendre, pour la sûreté publique, les deux pièces de canon que le Régiment avoit conservées aux casernes, jusqu'à l'époque où elles avoient été remises à l'arsenal. »

[22 Décemb. 1791. Suppl. des pièces. n°. 5.] A la fin de 1791, les Commissaires de l'Assemblée provinciale du nord vinrent complimenter le Régiment du Cap, relativement à une lettre du Ministre de la guerre, qui porte, qu'en reconnoissance des bons services de ce Régiment, il passera à son département, sans éprouver le licenciement décrété pour les autres Régimens coloniaux. Ils lui déclarerent que l'Assemblée des Représentans de cette Province les avoit députés pour lui témoigner combien elle partageoit *la satisfaction que la NATION avoit de ses glorieux succès.*

De son côté, l'Assemblée coloniale, convaincue du zèle & du courage dont ce Régiment a donné tant de preuves pour la défense de la Province du nord, lui exprime la satisfaction & la reconnoissance de la Colonie entière, déclare qu'elle n'oubliera jamais que c'est *surtout à son patriotisme* & à sa fermeté qu'elle a dû la conservation de sa plus belle Province & de sa plus importante Cité; enfin elle offre au Régiment des cravattes aux couleurs nationales, pour en décorer ses drapeaux. 25 Décemb. 1791. n°. 20.

La Municipalité de la ville du Cap félicite ensuite le Régiment sur *son patriotisme* & *son courage*; l'assure que la Colonie entière pénétrée d'admiration & de reconnoissance, lui a décerné les cravates aux couleurs patriotiques dont elle veut orner elle-même ses drapeaux. 30 Janvier 1792. n°. 21.

Deux mois après je suis obligé de faire un rapport officiel sur la triste situation de ce brave & incorruptible Régiment; j'y prouve que du 23 Avril au 5 Mai 1792, deux cent trente-neuf soldats ont péri, que six Officiers sont morts des fatigues excessives de nos campagnes contre les brigands & les esclaves révoltés; qu'un septieme a été massacré, & que tous sont malades, à l'exception de deux; qu'enfin il y a 212 hommes dans un état si déplorable, qu'on ne peut espérer de salut pour eux qu'en les faisant passer en France. 5 Mai 22 Mars 1792. n°. 34.

J'ai été forcé de faire imprimer ce rapport, pour détruire les calomnies qui s'étoient répandues sur ces demandes de renvoi en France.

6 Oct. 1792, Supplément de piéces. n°. 8.

Les factieux ne se lassoient pas. Le Régiment du Cap contrarioit leurs vues, déjouoit leurs projets; ils voulurent s'en défaire à quelque prix que ce fût : c'est alors que les Volontaires nationaux du Cap & les Gardes nationales à cheval de la même ville, apprenant qu'on fait signer une pétition dont l'objet étoit d'obtenir l'embarquement du Régiment....., ils lui témoignent, dans une lettre infiniment précieuse, *leur indignation & leur surprise* : « seroit-il possible qu'on eût oublié (ce sont leurs expressions) ou feindroit-on d'ignorer que votre Régiment n'a jamais pris les armes que pour défendre la Colonie & maintenir l'ordre au nom de la Loi ? Cette conduite qui fut toujours la nôtre, étoit-elle propre à faire perdre de vue la reconnoissance que l'on doit à votre Corps & à chacun des braves Soldats qui le composent ? Qui mieux que nous peut attester cette vérité devenue un sentiment dans le cœur de tous ceux qui veulent la paix &, qui en éprouvent le besoin, puisque toujours à vos côtés dans les combats, vous nous avez servi de modele ? Dangers, fatigues, travaux & succès, nous avons tout éprouvé en commun; il n'est pas même jusqu'à vos pertes qui ne nous donnent le droit, acheté bien cher sans doute, de rivaliser avec vous: *vous avez perdu la moitié de vos camarades* ; hélas ! nous pleurons encore la moitié des nôtres. Mais pourquoi rappeler en ce moment nos douleurs ? Nos pertes sont réparées, puisque de braves défenseurs sont venus les remplacer, & nous retrouvons parmi eux des camarades & des freres. Mais en revenant sur *cette ingrate & ridicule pétition*, nous ne concevons pas sur quel grief on peut l'appuyer; nous concevons encore moins comment les auteurs d'un projet aussi absurde se sont flattés d'avoir accès auprès des autorités constituées, & d'en être écoutés. Non, sans doute, une pareille démarche ne sera ni accueillie ni mise à exécution, & si ses auteurs n'en rougissent pas, les autorités auxquelles ils s'adresseront leur feront sentir toute *l'ignominie* dont une pareille démarche doit les couvrir. — Nous vous jurons un éternel attachement. — Nous vous jurons d'employer tout ce que la raison, la justice & la reconnoissance ont de plus fort *pour conserver à la Colonie des défenseurs tels que vous* ».

Une députation des deux Corps vint apporter au Régiment du Cap cette adresse, qui contenoit aussi des expressions fraternelles pour le bataillon de l'Aîne & le quatre-vingt-douzième Régiment.

(14)

7 Oct. 1792.
n°. 33.

Cette adresse fut suivie d'une autre de l'ancienne garnison, & notamment du Régiment du Cap, aux Commissaires civils, dans laquelle ils renouvellent leurs sermens patriotiques & d'obéissance aux Loix, & les assurances de leur amour pour elles.

On voit par ces piéces, quel étoit l'esprit des troupes, l'absurdité des calomnies répandues dans l'écrit des Commissaires actuels sur leur incivisme, & les prétendues divisions dans lesquelles on n'a pas rougi de m'accuser de les avoir entretenues.

QUATRIEME SECTION.

PIECES qui prouvent que ma conduite civile & militaire avoit mérité l'approbation des Corps populaires, des Troupes patriotiques, des Militaires sous mes ordres, & de tous les Citoyens, depuis le commencement de la révolution jusqu'à l'époque où les derniers Commissaires se sont permis de la couvrir des plus odieux soupçons.

22 Septemb.
1789. n°. 4.

Dès le mois de Septembre 1789, la Chambre du Commerce m'honora d'une lettre, au sujet d'un événement qui eut lieu au spectacle. « Je vous offre, me dit-elle, le tribut de reconnoissance que vous doit tout bon citoyen. — Nos enfans, nos parens, nos éleves, formoient une grande partie des spectateurs, & il seroit infailliblement arrivé quelques désordres dans cette classe de la jeunesse qui nous intéresse le plus, si, par votre modération, vous n'aviez arrêté & calmé la chaleur qui fermentoit dans les esprits.

Vers la fin de cette premiere année de la révolution, le Comité provincial m'envoya une députation, pour m'annoncer » que je serois à l'avenir membre né de son Comité, *comme ayant mérité, par mon patriotisme, la reconnoissance & l'attachement de tous les habitans* ». 25 Octobre 1789. n°. 5.

Six semaines après, l'Assemblée provinciale du Nord me délivra un diplôme sur parchemin scellé de son sceau, attaché par des rubans bleus & blancs, qui étoient alors les couleurs patriotiques de la Colonie, & dans lequel elle me témoigne la gratitude de la Province, pour le zèle & le dévouement courageux avec lesquels je me suis porté, dans toutes les occasions, à appaiser les troubles au milieu des citoyens. 15 Décemb. 1789. n°. 3.

Au commencement de l'année 1791, le Lieutenant au Gouvernement général de Saint-Domingue, écrivit au Ministre, *d'après mes sollicitations réitérées*, pour obtenir qu'on s'occupât promptement de la réorganisation du Régiment du Cap, conformément au nouveau mode adopté 29 Mars 2 Juill. n°. 13.

par l'Assemblée constituante : voici comme il s'est exprimé sur le compte de ce Régiment : « *Un seul Régiment* fidèle à l'ancienne discipline, exemple unique dans nos Colonies, *préserve Saint-Domingue d'une subversion totale.* Ne convient-il pas d'éloigner de ce Corps intact tous motifs de murmures?......... en lui procurant sans délai l'organisation nouvelle. (Ce Régiment étoit donc dans le sens de la révolution, malgré sa fidélité à observer la discipline militaire.) Le Régiment du Cap mérite des distinctions particulieres, puisque sa conduite est faite pour servir de modele dans nos Colonies ».

« Le Colonel, M. de Cambefort, s'est trouvé ici au commencement des circonstances orageuses qui ont failli perdre la Colonie; leur nouveauté n'a pas fait faire un faux pas à sa sagesse, à sa prudence & à sa fermeté; aussi sa conduite a-t-elle été couronnée par les plus heureux succès. Je ne peux faire trop d'éloges de cet Officier; *il réunit la confiance de tous les Soldats & celle de tous les Citoyens.* »

8 Sept. 1791.
n°. 4.

Dans les premiers jours de Septembre, l'Assemblée provinciale du Nord sanctionna le projet & la demande que je lui avois soumis, touchant l'organisation d'une compagnie de Pompiers, & elle adhéra toujours avec confiance, à tous les projets de sûreté publique que je lui ai proposés.

Le premier Novembre, le Ministre répondit aux demandes que je lui avois faites, pour obtenir la formation constitutionnelle de mon Régiment, & me témoigna combien l'on étoit satisfait de mes services. 1er. Nov. 1791. n°. 13 bis.

A la même époque, l'Assemblée générale invita Toufard, qui commandoit alors le Régiment, à assister à ses séances, accompagné d'une députation du Corps, pour profiter de ses lumières. 7 Nov. 1791. n°. 18.

On voit avec quelle bienveillance nous étions vus par les Assemblées populaires.

Cependant comme l'on m'a accusé, sans preuve & contre la vérité, d'avoir conservé la qualification ci-devant noble de Baron, je produirai une formule imprimée, pour des passeports, qui prouve la fausseté de cette ridicule inculpation ; je multiplierois les preuves écrites, si ce chef d'accusation n'étoit pas aussi pitoyable. 30 Juillet 1792. n°. 27.

Au mois d'Août 1792, l'Assemblée coloniale arrêta que deux Commissaires me seroient députés pour m'annoncer qu'il m'avoit été voté des remercîmens, pour la conduite que je tins pendant l'absence du Lieutenant au Gouvernement-général. L'Assemblée provinciale me fit une semblable députation, & pour le même objet. 25 Août 1792. n°. 9.

A la fin de l'été de la même année, & peu de jours après l'arrivée des forces nationales, les Propriétaires & les Négocians du Cap craignirent 26 Septembre 1792. n°. 8 bis.

B.

que mes affaires perſonnelles, celles de ma famille, & le beſoin de prendre momentanément quelque repos, ne me déterminaſſent à m'abſenter; ils eurent la bonté de m'écrire les choſes les plus flatteuſes pour m'engager à ne pas déſemparer juſqu'à la fin des troubles qui n'ont pas ceſſé d'agiter cette malheureuſe Colonie. « Tout vous fait un devoir, me dirent-ils, de reſter à votre poſte. Donnez-nous l'aſſurance de vous conſerver; nous vous en conjurons au nom de ce que vous avez de plus cher, l'honneur qui vous dirige, & le bonheur des Citoyens de cette dépendance, auxquels vous vous êtes voué. » Et lorſqu'ils me parlent du Régiment, à la tête duquel ils me jugeoient néceſſaire, ils le qualifient de *brave & incorruptible* Régiment du Cap.

Cette démarche précéde *d'un mois ſeulement* les prétendus *ſoupçons* qui ont donné lieu à l'arrêté par lequel les Commiſſaires actuels, après m'avoir ſuſpendu dans mon commandement du Régiment du Cap, m'ont déporté de Saint-Domingue, & renvoyé à Paris de priſon en priſon, après avoir empoiſonné toutes mes actions, & juſques à mes penſées aux yeux de la Convention nationale.

21 Oct. 1792.
Supplément
de piéces,
n°. 9.

Enfin, au mois d'Octobre 1792, il a été dreſſé un procès-verbal, qui conſtate qu'en quittant la

Colonie, j'ai laiſſé la caiſſe de mon Régiment en bon état; on y a trouvé 510 portugaiſes, & 298 écus de 6 liv.

Telles ſont les piéces authentiques qu'on m'a ſauvées du pillage de ma maiſon à Saint-Domingue, & d'après leſquelles j'attends qu'on prononce ſi l'on peut trouver dans ma conduite un ſeul acte, une ſeule démarche, qui juſtifient aucuns des reproches qui m'ont été faits par les Commiſſaires envoyés dans cette infortunée Colonie.

CINQUIEME SECTION.

PIECES qui conſtatent mes opinions politiques, en établiſſant mon obéiſſance perſonnelle à toutes les Loix ſucceſſivement rendues pendant la révolution.

PARAGRAPHE PREMIER.

Preuves du zele & de l'attachement que Touſard, Lieutenant-colonel du Régiment du Cap, & moi, avons mis à procurer l'exécution des Décrets nationaux rendus en faveur des Gens de Couleur.

L'Aſſemblée générale de St. Domingue conſigne dans ſes regiſtres une lettre qui lui avoit été écrite par Touſard, dans laquelle il n'avoit pas diſſimulé le vif intérêt qu'il prenoit au

1 & 14 Oct. 1791. nᵒˢ. 16 & 17.

fort des Citoyens de Couleur, & qui prononce, sur sa demande, l'élargissement de plusieurs de ces Citoyens.

8 Nov. 1791. n°. 19. Toufard, commandant le Régiment pendant ma campagne de l'Acul, est invité, avec les Corps civils & militaires, à assister à la séance de l'Assemblée coloniale; il y manifeste ses opinions politiques dans un discours où il soutient que, pour sauver la Colonie, il ne faut pas remettre après la paix à statuer sur le sort des Citoyens de Couleur; qu'il faut, au contraire, les armer sans délai, & les faire jouir pleinement des droits que leur avoient accordés les Arrêtés des 5, 6 & 20 septembre précédent. Ce discours ne plut pas aux factieux, & lui fit perdre une partie de sa popularité.

11 Juillet 1792. n°. 32. J'écris, en l'absence du Lieutenant au Gouvernement-général, aux Commissaires qui avoient été députés par la ville de Jérémie à l'Assemblée coloniale, pour obtenir d'elle la suspension du Décret du 4 avril 1792, qui accordoit les droits politiques aux Citoyens de Couleur : « *Je les exhorte à se soumettre à la Loi ; je leur rappelle que le respect des peuples pour elles est le seul boulevard des Empires ; & que c'est la résistance qu'on leur a opposée qui prolonge les dangers & les maux de toute la Colonie* ».

15 Août 1792. n°. 14. Les Commissaires de l'Assemblée coloniale

font un rapport, dans lequel, ils établissent que j'ai appaisé les troubles qui s'étoient élevés entre les Citoyens Blancs & ceux de Couleur, & mérité, dans cette occasion, les plus grands témoignages de satisfaction.

L'Assemblée ordonne l'impression du récit des événemens qui ont eu lieu dans cette circonstance. 17 Août 1792. n°. 15.

Notre soumission, même éventuelle aux Décrets des Assemblées constituante & législative, étoit tellement prononcée, que nous sollicitâmes de l'Assemblée coloniale, à l'époque de la révolte des Negres, l'admission des Citoyens de Couleur & Negres libres dans le Régiment du Cap; cela fut obtenu, & pendant plus de six mois ils ont vécu avec les autres militaires du Régiment, logeant & mangeant avec eux, marchant ensemble contre les esclaves révoltés, & se donnant des preuves réciproques d'estime, de cordialité, & même d'amitié : pendant tout ce temps il ne s'est pas élevé une seule rixe particulière entre eux. 25 Août 1791.

Mais la faction ayant malheureusement porté l'Assemblée coloniale à prendre une délibération contraire, les Citoyens de Couleur & Negres libres, pour y obéir, se retirerent du Régiment, & cesserent ainsi de rendre, comme militaires, les mêmes services.

Une autre preuve de notre opinion favorable aux Citoyens de Couleur, c'est qu'après m'être consulté, en l'absence du Lieutenant général au Gouvernement, avec Pomeirols & les autres Chefs de l'artillerie de Saint-Domingue, j'invitai l'Assemblée coloniale à revenir sur ses pas, en autorisant l'engagement des hommes de Couleur & Negres libres, en qualité d'artilleurs. Afin d'y réussir, il fut pris un arrêté conforme à ma demande, & le Corps de l'artillerie en avoit déjà recruté 60 à 80, avant mon départ de la Colonie; ils furent aussi-tôt répartis dans les diverses compagnies, & l'on étoit parfaitement satisfait de leur conduite.

§. II.

Preuves de ma soumission aux regles militaires.

5 Oct. 1792.
n°. 36.

Les dispositions militaires qui existoient dans la Colonie de Saint-Domingue, au moment de l'arrivée de d'Esparbès, Gouverneur-général de cette Isle, m'avoient attribué, comme Colonel le plus ancien, le commandement de la Province, & comme Major-général de l'armée, ce qui étoit relatif au mouvement des camps; mais dès qu'une armée & un grand Etat-Major s'y trouverent, je ne pouvois ni ne devois exercer des fonctions qui ne m'appartenoient plus. J'écrivis alors à d'Esparbès pour lui observer que la Loi s'opposoit formellement à ce que je continuasse de les remplir, & qu'elle désignoit en même-temps ceux qui devoient me remplacer.

§ III.

Pieces que les Commissaires civils ont appelées mes Discussions polémiques, pour en faire un chef d'accusation contre moi.

Ces pieces consistent en deux lettres que j'écrivis aux Commissaires civils. 23 Septemb. 1792, n°. 35.

Par la premiere, je leur rappelle les conférences que j'ai eues avec eux, sur la déplorable situation de la Colonie, & sur les moyens d'y appaiser les troubles. Mon expérience m'avoit donné le droit d'offrir à M. le Gouverneur-général le résultat de mes réflexions; j'avois regardé ce droit comme un devoir, & je venois avec confiance m'en acquitter de même envers les Commissaires. Il faut avoir lu cette lettre pour connoître avec quel soin, avec quels détails je les informe des seules questions importantes qu'il s'agissoit alors de résoudre, & qui étoient, l'une de savoir s'il étoit utile d'ouvrir des négociations avec les esclaves révoltés avant de déployer contre eux la force militaire, & l'autre, de quelle maniere on devoit employer l'armée destinée à les réduire.

B 4

Après leur avoir démontré les dangers de quelque négociation que ce fût, & la nécessité d'employer sur-le-champ les moyens de les soumettre, je leur dis : « Si néanmoins vous croyez utile de négocier, sachez être sévères ; que le délai se compte *par heures* ; refusez toute autre trêve, ne fût-elle que d'une minute, & disposez les forces de manière à pouvoir les déployer à l'instant même ; autrement ce seroit préparer les révoltés à une résistance qui nécessiteroit leur destruction, si elle ne leur fournissoit pas les moyens de se procurer une retraite qui éloigneroit encore la fin de nos maux. — Mais ce qui est absolument indépendant de toute négociation, c'est de s'emparer d'Ouanaminthe. Ce quartier enlevera aux Esclaves révoltés la communication à la mer, & les privera des avantages de la proximité de l'Espagnol, qui nous est infiniment utile pour l'approvisionnement de nos boucheries. Je termine cette lettre en me félicitant, comme je devois l'espérer, que la présence des Commissaires dans la Colonie alloit substituer à l'anarchie le regne de la Loi. »

[7 Oct. 1792.
n°. 37.] Dans ma seconde lettre, j'avois jugé nécessaire de leur rappeler : « Que les scènes dont ils avoient été les témoins depuis leur arrivée, & dans lesquelles on avoit cherché à me faire jouer un rôle affreux, n'étoient qu'une suite des in-

trigues de la faction qui manœuvroit ainsi depuis plus de trois ans. Je pensois, leur ai-je dit, que votre présence les feroit cesser, que le caractère dont vous êtes revêtus en imposeroit aux méchans : je vois, avec autant d'indignation que de douleur, que rien ne peut enchaîner leur audace. — Je vous l'avoue, Messieurs, j'ai vu en frémissant, l'empressement & l'ardeur des mal-intentionnés à séduire les troupes nouvellement débarquées pour les égarer.—Je n'ignore pas davantage les impressions défavorables qu'on a cherché à leur donner à mon égard, pour m'aliéner leur confiance. — Je l'avoue hardiment & sans craindre d'être démenti, jusqu'à présent j'ai écarté & déjoué *les dangereux projets des factieux* ; c'est par cette raison, sans doute, qu'ils aiguisent contre-moi tous leurs poignards; *mais leur haine fait mon triomphe & ma gloire!* »

« Je me crois en droit, Messieurs, de réclamer comme une justice toute votre sévérité, pour scruter ma conduite dans les différentes places que j'ai occupées depuis la révolution. — Si, comme j'en suis assuré d'avance, vous y trouvez toujours l'exactitude à mes devoirs, *le respect & l'obéissance la plus passive aux loix & aux autorités constituées, L'ATTACHEMENT LE PLUS INVIOLABLE A LA MERE-PATRIE*, l'amour du bien & les plus grands efforts pour l'opérer; alors je suis en droit de réclamer également votre justice pour rechercher & découvrir mes calomniateurs, auxquels je pardonne d'avance ».

Tels sont les écrits que les Commissaires ont peints à la Convention, comme tendans à soulever les esprits, & à jeter dans la Colonie des germes de division parmi les citoyens & parmi les troupes.

SIXIEME SECTION.

Pièces qui prouvent l'existence d'une faction à Saint-Domingue; le dessein qu'elle a formé d'amener une scission entre la France & la Colonie; de la faire passer sous la domination anglicane, & les moyens qu'elle employe pour y parvenir.

§. Ier.

Existence & projets de cette faction.

9 Août 1790.
Supplément de pièces, n°. 1er.

Dès le mois d'Août 1790, époque du départ des 85 sur le vaisseau le *Léopard* qu'ils enlevèrent, j'écrivis aux Colons de Saint-Domingue, pour les porter à la paix, à l'union, & pour les préserver des piéges que les factieux leur tendoient, avec le dessein perfide de les entraîner dans le désordre.

Le 15, on arrêta à Limonade, qu'il me seroit voté des remercîmens, & que ma lettre aux Colons seroit consignée dans les regiftres de la Municipalité, *comme un monument authentique de mes fentimens patriotiques*, & de l'adhéfion intime de l'Affemblée aux principes qu'elle renferme.

15 Août 1790. Suppl. de piéces, n°. 20.

« Confidérant, porte cet arrêté, que l'Affemblée ci-devant féante à Saint-Marc, s'étant ouvertement portée à des actes d'*indépendance & de trahifon*, n'a pas craint de confirmer fa conduite par les féductions les plus criminelles & les attentats les plus révoltans; que les décrets défaftreux qu'elle s'eft permis de rendre dans ces derniers tems, & notamment celui *du licenciement des troupes de ligne*, en faifant paffer tous les pouvoirs en fes mains, alloit appefantir fur nos têtes le defpotifme le plus atroce; qu'en conféquence il étoit néceffaire, pour repouffer loin de nous cette affreufe calamité, que le dépofitaire de la force publique fît ufage de tous les moyens que la Nation lui a confiés pour le maintien de l'autorité légitime, (arrête l'infertion de ma lettre dans fes regiftres). » L'Affemblée confidere enfuite : « que les dernieres opérations de Saint-Marc ayant annoncé hautement une fciffion décidée avec la Mere-Patrie, il n'eft plus poffible de douter de fes projets criminels, &

que ceux que la confiance, l'amitié ou la séduction auroient induits à erreur, doivent voir clairement aujourd'hui l'abyme où les mal-intentionnés cherchoient à précipiter la Colonie ».

31 Août 1792, n°. 24. En effet, huit jours après la révolte des Negres, le Président de l'Assemblée écrivit au Gouverneur-général de la Jamaïque (Colonie Angloise) pour lui demander des fusils & des secours; il s'y plaint de leurs lenteurs : « tous les jours, dit-il, nos yeux fixés sur l'eau, nous cherchons à l'horison *vos vaisseaux & vos armées*...... Quel coup affreux, si, après des jours d'espoir, nous étions abandonnés !..

8 Fév. 1792 n°. 26. Au commencement de 1792, Lachaise est renvoyé au Cap, à l'Assemblée coloniale, par la Municipalité de Jérémie, qui l'accusoit d'avoir provoqué une nouvelle distribution des terres, & d'avoir paru devant elle armé & accompagné d'une foule d'hommes, qu'il avoit ameutés pour fortifier son parti, lorsqu'elle le manda pour lui demander des éclaircissemens sur sa conduite.

1er. Juin 1792. n°. 25. Quatre mois après, l'Assemblée coloniale suspendit les Clubs, comme étant le germe des séditions & des prétentions des révoltes, malgré les réclamations de Baudry, l'un des Membres de l'Assemblée de Saint-Marc.

§. II.

Moyens employés par cette faction, cause unique des troubles & des malheurs de la Colonie.

Les principaux moyens qu'elle ait employés pour parvenir au but qu'elle s'étoit proposé, ont été la résistance aux Décrets nationaux; l'opposition des Esclaves aux Citoyens libres; la proscription des dépositaires de l'autorité nationale dans la Colonie; sa conduite vis-à-vis des premiers Commissaires nationaux-civils, & notre déportation, qui, quoique prononcée par les Commissaires actuels, n'en est pas moins son ouvrage.

Les piéces qu'on va citer prouvent ce sommaire.

Dès 1790, l'Assemblée provinciale permanente du Nord, se crut obligée de faire une proclamation, dans laquelle il est démontré que j'ai été forcé de prendre des précautions contre un projet, formé par les factieux, de s'emparer de ma personne. 19, 22 Juill. 1790. n°. 28, 29.

Il y avoit déjà du temps qu'ils m'avoient jugé redoutable; ils usèrent contre-moi de tous les moyens; en 1791, ils eurent recours aux écrits; au mois d'Octobre de cette année il fut dénoncé à l'Assemblée coloniale un libelle diffamatoire rédigé dans cet esprit. 21 Oct. 1791. n°. 31.

1er. Octob. 1792. n°. 23.

Dans les annales, dites patriotiques de Saint-Domingue, libelle diffamatoire aux ordres de cette faction, l'on remarque qu'à l'arrivée des Commissaires actuels, le Libelliste (1) s'est déchaîné avec plus de fureur encore contre tous les agens de l'autorité, & particulierement contre moi.

31 Oct. 1792. Supplément de pièces, n°. 10.

Et dans le moniteur général du 31 Octobre 1792, on lit une proclamation de ces mêmes Commissaires, dont l'objet est de provoquer les délations contre les Agens du Pouvoir-exécutif & les fonctionnaires publics, avec promesses de les accueillir.

Ils terminent cette affiche par un aveu bien précieux pour nous ; *c'est que les agitations sont devenues plus menaçantes depuis notre éloignement, & ils exhortent à y mettre fin.*

Cette proclamation prouve démonstrativement que les Commissaires qui ont ordonné notre déportation, étoient dès-lors à la merci des factieux & autres fauteurs de l'anarchie. Les insurrections coloniales, postérieures à notre départ,

___

(1) Ce Libelliste c'est Baillio. Il vient d'être embarqué & envoyé à la Convention par le Commissaire Sonthonax, comme étant un des chefs du complot formé d'égorger les Citoyens ci-devant dits de Couleur, dans les premiers jours de Décembre dernier. On se rappellera que ce factieux servoit une des pieces de canon qui furent braquées sur ma maison, le 19 Octobre.

& les dangers que les Commissaires ont personnellement courus, & dont ils ont transmis les détails au Ministre, pour les mettre sous les yeux de la Convention, prouvent encore que le principe de tant de maux, attribué par cette faction aux Agens du Pouvoir-exécutif, existe toujours à Saint-Domingue; cependant nous sommes dans les fers & éloignés de deux mille lieues de cette malheureuse contrée!

A Paris, ce 26 Janvier, l'an premier de la République Françoise, CAMBEFORT, *Colonel du Régiment du Cap.*

Pour adhésion à ce Précis,
TOUSARD, Lieutenant-Colonel. LAVALLIERE. POITOU. LABIGNE. LAMORANDIERE. ANCELET-D'AY. MANSUY. VAULOGER. D'ALLARD. BAJOLLIERE. PICOT SAINTE-MARIE. STRUNZÉ. LANDAIS. NONA. GIRARD.

Nous renouvellons, pour ce Précis, l'adhésion par nous donnée aux Mémoires qui ont déjà été publiés dans cette affaire. POMEIROLS, *Colonel & Commandant l'Artillerie à Saint-Domingue.*

De l'Imprimerie de N. H. NYON, Imprimeur rue Mignon. 1793.

www.ingramcontent.com/pod-product-compliance
Lightning Source LLC
Chambersburg PA
CBHW060915050426
42453CB00010B/1728